D'UNE IMMIGRATION

DE NOIRS LIBRES EN ALGÉRIE

ALGER. — IMPRIMERIE DE A. BOURGET, RUE SAINTE, N° 2.

D'UNE IMMIGRATION

DE NOIRS LIBRES

EN ALGÉRIE

PAR

M. AUSONE de CHANCEL

E. M. LE MARÉCHAL COMTE RANDON, GOUVERNEUR-GÉNÉRAL.

Et renovabis faciem terræ.

PRIX: 1 FR. 50 C.

AU PROFIT DES ORPHELINES DE BLIDAH.

ALGER

CHEZ BASTIDE, LIBRAIRE-ÉDITEUR.

Place du Gouvernement.

1858

Les pages qui vont suivre ont été écrites, il y a huit ans, sauf quelques modifications justifiées par l'actualité, sous l'impression que m'avait laissée l'exploration, par renseignements, du Sahara, du grand désert et du Soudan que venait de faire, de 1843 à 1848, M. le sénateur, général Daumas, alors colonel, directeur général des affaires arabes à Alger, et à laquelle il avait bien voulu m'associer. — Si je ne les ai pas publiées plus tôt, c'est qu'elles avaient contre elles de devancer l'opinion publique, pour un moment enrayée par le préjugé à mi-chemin du problème que n'ont point résolu l'abolition de la traite et l'émancipation des esclaves. La conscience satisfaite par la mise en application de ces deux tristes mesures, dont l'une a eu pour effet d'interner tous les nègres de l'Afrique dans la barbarie, en les externant de tout contact avec les blancs ; l'autre de les rendre à leurs instincts brutaux natifs et de ruiner nos colonies, la philantrophie dormait en paix.

Gardez-vous bien, me disait-on, de l'éveiller en sursaut, au milieu de son rêve humanitaire. Quelque précaution oratoire que vous y mettiez, elle criera sur vous — en anglais — au rétablissement de la traite !

Je ne me sentais pas assez fort pour jouer si gros jeu ; mais aujourd'hui que le cri a été jeté contre S. M. l'Empereur lui-même, c'est un devoir pour tous de prendre parti dans un débat devenu national.

Ce devoir, la presse française toute entière l'a noblement accompli en appuyant de son autorité le projet d'immigration des noirs qui doit raviver nos colonies de l'Océan (1); nous avons donc autorité, nous autres Algériens, providentiellement placés que nous sommes à la porte de sortie des émigrants et qui, nous aussi, manquons de bras au grand détriment de la France, pour réclamer à notre bénéfice, et plus encore peut-être au bénéfice des nègres eux-mêmes, esclaves aujourd'hui chez eux, demain libres chez nous, et que dans un temps donné nous rendrons à leur case paternelle chrétiens, riches et relativement civilisés, la mise en application d'un projet identique.

Ce n'est pas pour la première fois du reste que la question est ainsi posée : Dès 1841, dans un ouvrage en deux volumes, l'un des plus remarquables par la perspicacité des aperçus et l'intuition de l'avenir, qui aient été publiés sur l'Algérie, M. le baron

---

(1) On sait que cette opération délicate et qui demande pour être accomplie selon le vœu de l'Empereur, autant de dévouement que de probité, a été confiée à M. Régis aîné, armateur, vice-président de la chambre de commerce de Marseille, qui ne s'en est point chargé à titre *d'entrepreneur*, mais comme agent du gouvernement.

Baude émettait cet avis qu'il fallait appeler à nous les nègres du Soudan pour en faire à la fois des soldats, des matelots, des travailleurs agricoles, des serviteurs de la famille.

« Osons donc, disait-il, rétablir les caravanes dont « les importations des noirs sont l'aliment : les « noirs ramenés par elles s'identifieront avec « les mœurs, les idées, les intérêts *de leurs* « *maîtres*. Admis dans la famille, ils appren- « dront à s'en former une ; associés aux travaux « des blancs, ils contracterons des habitudes labo- « rieuses..... Si l'éducation que nous devons aux « noirs est bien conduite en Algérie, un jour vien- « dra où ceux qui l'auront reçue reflueront vers la « patrie de leurs aïeux, et, missionnaires puissants, « lui porteront, sous les bannières de la France, le « christianisme et la liberté. Nous aurons alors « mieux fait que l'Angleterre : elle poursuit la traite « sur les mers, et grâce à nous, on pourra *la per-* « *mettre impunément* (1) ».

De quelques considérations économiques, philoso- phiques et religieuses que cette idée fut étayée, elle était trop audacieuse pour son époque. — Son heure n'était pas venue. — Elle avait d'ailleurs, elle a contre elle encore aujourd'hui, d'opérer avec l'élément esclave, et de raviver, bien que dans des conditions meilleures, cet abominable trafic dont le nom doit

---

(1) L'Algérie par M. le baron Baude. — Nègres. — Chap. XVII, 2e vol., page 303.

être à jamais rayé du vocabulaire de toute nation civilisée.

En d'autres termes, dans l'esprit de M. Baude, le rétablissement du commerce algérien-soudanien était subordonné au rétablissement de la traite par caravane, et l'amélioration du sort des importés à leur servitude préalable chez nous et chez les musulmans.

Nous devons, nous pouvons mieux faire.

Plus tard, M. le général Duvivier, dans un opuscule de quelques pages, en appelait aux mêmes considérations à peu près, pour arriver au même but.

M. le général Daumas, dont le nom se retrouve partout où l'on parle de l'Algérie a lui-même écrit :

« Des intérêts d'une haute gravité se rattachent à la connaissance de l'Afrique intérieure qui, dans un avenir plus ou moins éloigné, peut être ouverte au commerce de notre colonie. Les caravanes sont le seul moyen de communication possible entre ce Nord et ce Midi séparés par l'immensité.

« ......Est-ce un moyen, est-ce le seul moyen de moraliser les nègres et de les initier à la civilisation que de les arracher à leur pays ; ou vaut-il mieux, en les laissant chez eux, les voir s'égorger par milliers, ou, captifs du parti vainqueur, travailler enchaînés et mourir à la peine, par la faim et sous le bâton (1). »

Enfin, la Chambre consultative d'Agriculture d'Alger, justement émue de l'état languissant où se dé-

____

(1) Préface du *Grand-Désert*. — 1re édition.

bat, faute de bras, l'élément premier de colonisation dont elle représente les intérêts, émit l'avis, il y a deux ans, qu'il y avait lieu de faire appel à l'immigration des noirs.

Ce sont là, sans contredit, de graves autorités, et comme si nulle autre ne devait faire défaut à notre proposition, même avant qu'elle soit formulée, nous lisons dans le numéro du 10 janvier, du *Moniteur algérien*, journal officiel de la colonie, publié sous la haute direction de M. le Maréchal Gouverneur-Général :

« .... Les esclaves ne sont pas admis dans nos
« possessions, et nous tenons à honneur de ne pas
« profiter de ce commerce, quelque lucratif qu'il soit;
« mais la philanthropie qui a voulu justement l'abo-
« lition de l'esclavage ne nous paraît pas avoir dit
« encore à ce sujet son dernier mot. Elle parvien-
« dra un jour, nous l'espérons, à sauver tous ces
« malheureux qui, pris à la guerre, et ne pouvant
« être vendus ni nourris par le vainqueur seraient
« inévitablement destinés à être massacrés.

« Le moyen d'atteindre ce but, nous l'ignorons.
« Nous dirons seulement que ces nègres pourraient
« nous rendre d'utiles services, et que cette branche
« si importante du commerce soudanien exercé dans
« des conditions humanitaires que la civilisation n'au-
« rait pas à désavouer, deviendrait pour l'Algérie
« une source de prospérité. »

Le moyen d'atteindre ce but, nous l'avons dans la main par notre prise de possession d'El-Aghouât, de

Tugurt, de toutes les oasis du Sahara, situées sous la même latitude ; par nos relations désormais assurées avec les Beni-M'zab, les Chambas, Ouergla et surtout les Touaregs qui, d'étapes en étapes, rayonnent par eux-mêmes ou par influence sur tous les marchés du Soudan, du lac Tchad au Niger et jusque sur les rives du Sénégal.

A nous donc aujourd'hui de mettre à profit la situation que nous nous sommes faite par les armes, par la paix, par l'équité ; certes, la France peut être fière d'un aussi noble résultat, et nul ne saurait justement lui contester le droit d'en recueillir les avantages.

Cette condition première de sécurité parfaite étant donnée dans ce pays de l'anarchie traditionnelle, des guerres sans merci et des coupeurs de route — qu'une jeune fille peut aujourd'hui traverser, une couronne d'or sur la tête — le mot est saharien, — cette condition première étant donnée, et la bonne renommée de notre loyauté nous ayant devancé sur tous les chemins du Soudan, notre jeune Algérie ne saurait être plus mal venue que ses sœurs des Antilles à dire à l'Empereur :

« Sire, Dieu m'a livrée barbare à la France ; me
« voici déjà chrétienne et civilisée. Je suis impatiente
« de reconnaissance envers ma mère d'adoption, et
« j'ai sous les pieds des trésors enfouis qui lui sont
« destinés, mais que je ne puis suffire à ramener
« sur le sol.

« Des travailleurs, Sire ! j'en vois à l'horizon par

« milliers qui n'attendent qu'un signe pour venir à
« moi. — Pauvres barbares, plus que je ne l'étais
« moi-même et que je ferai chrétiens; pauvres es-
« claves que je ferai libres; pauvres ignorants que je
« civiliserai. — En échange de cette éducation mo-
« rale, professionnelle, agricole, qu'ils recevront à mon
« école, ils me donneront à mains pleines et je don-
« nerai moi-même à la France, un tribut assez riche
« pour l'exonérer des centaines de millions qu'elle
« expatrie à l'étranger.

« Leur temps d'école accompli et leur éducation
« faite, je rapatrierai mes travailleurs qui rentreront
« chez eux, comme autant de missionnaires de ci-
« vilisation, en même temps que j'en appellerai d'au-
« tres; et, par ce double courant régulier, j'initierai
« les Soudans à la loi de l'évaugile, et je les absor-
« berai dans des relations commerciales dont le va et
« vient annuel, sur Maroc, Tunis et Tripoli, s'élève
« à plus de cent millions. »

La question ainsi posée, douter qu'elle soit résolue, ce serait douter de l'Empereur à qui semble avoir été réservée, en raison de l'énergique initiative qu'il a déjà prise, la mission providentielle de relever enfin la race de Cham de la malédiction qui pèse sur elle depuis 4,000 ans, avec ce texte de la Bible :
— « Tu seras l'esclave de l'esclave de tes frères »
— et d'absoudre le monde chrétien du crime de lèse-humanité qui le souille depuis trois siècles.

Ces dernières lignes étaient à peine écrites que nous recevions la lettre suivante :

« Marseille, le 9 janvier 1858.

« Monsieur,

« J'arrive de Paris où j'ai fait un assez long sé-
« jour, motivé par mes affaires d'immigration : j'ai
« vu les Ministres et l'Empereur, et j'ai reçu de Sa
« Majesté l'ordre de continuer l'opération dont le
« gouvernement m'a chargé.

« Le premier convoi d'Africains est arrivé à la Mar-
« tinique, le second s'opère.....

« J'ai eu l'occasion naturelle, en causant avec Sa
« Majesté, de connaître l'intérêt qu'elle porte à l'Al-
« gérie ; je lui ai signalé le besoin de bras qui se
« fait également sentir dans la colonie et l'avantage
« qu'il y aurait à appliquer le même système de ra-
« chat et de libération que nous pratiquons pour les
« Antilles. Le mémoire que vous préparez sera, je le
« crois, d'autant mieux accueilli que sans connaître
« le projet dont vous m'entretenez par votre lettre
« du 15 décembre que j'ai trouvée à mon retour,
« j'ai préparé l'Empereur par des conversations et des
« notes à examiner sérieusement la question.....

« Je ne voudrais pas vous avoir contrarié en par-
« lant à l'Empereur de l'immigration en Algérie. Je
« suis au contraire persuadé que le hasard m'a
« servi, et, je le répète, l'attention de Sa Majesté
« sera d'autant plus appelée sur votre mémoire qu'elle
« sera déjà préoccupée de la question que vous trai-
« tez.....

« Recevez, etc ....

« RÉGIS aîné. »

Ce que nous écrivions hier a donc valeur déjà de fait accompli. — Nos pressentiments ne pouvaient nous tromper.

Quant au projet dont j'entretenais M. Régis, après lui avoir demandé son avis dans une lettre précédente, du 25 novembre, sur la possibilité d'opérer en Algérie, comme aux Antilles, une immigration de noirs, il consistait à lui proposer d'opérer, *par l'Algérie*, elle-même, et par caravanes, le recrutement pour les Antilles que les Anglais tentaient d'entraver sur la côte ouest de l'Afrique. — Les deux recrutements se seraient faits ainsi simultanément.

Nous y reviendrons.

Et pour en finir avec cette disgression, j'ajouterai que la dernière phrase de M. Régis répond à celle que voici et qui terminait ma lettre précitée du 15 décembre.

« Permettez-moi, Monsieur, de vous demander
« encore de tenir secrète une idée à laquelle j'atta-
« che une grande importance, et dont je tiendrais à
« honneur pour vous et pour moi, si vous voulez
« bien vous y associer, de nous réserver l'initiative. »

Loin d'être contrarié que M. Régis qui, du reste, n'avait pas encore reçu ma seconde lettre, ait appelé l'attention de Sa Majesté sur cette question, nous l'en remercions au nom de l'Algérie.

Quant aux moyens pratiques d'exécution qui doivent nous conduire à notre but, et quant à leurs résultats économiques, industriels, agricoles et commerciaux — traduits en chiffres — car ici le bénéfice va de pair avec la bonne œuvre, les voici :

Nous allons avoir à traverser le grand désert en plusieurs sens, — c'est une véritable navigation. La métaphore est acceptée, nous la continuerons : dans l'ordre d'idées qui nous occupe, la mise en scène y gagnera de clarté ; il est d'ailleurs singulier qu'en parlant du grand désert on en arrive forcément à la technologie de la géographie maritime.

Le désert, c'est la mer ; elle baigne deux continents : le Tell et le Soudan, à 500 lieues de distance. Les derniers rameaux de l'Atlas lui font des golfes et des caps, des baies et des falaises, et les villes du Sahara sont ses ports d'attérages. — Au Sud, elle meurt sur la plage ou dort dans les criques des dunes.

Elle a sa houle avec le vent du Nord ; ses vagues avec le vent d'Est ; ses tempêtes et ses naufrages avec les vents d'Ouest et du Sud. Ses îles sont les oasis, ici groupées en archipel, là-bas isolées dans l'espace, escales ou ports de relâche ; ses flottes sont les caravanes, fesant parallèlement à la côte le petit et le grand cabotage ; du Nord au Sud, des voyages au long cours, guidées par les étoiles, comme celles de l'Océan avant l'invention de la boussole. Les Touaregs sont ses pirates et ses douaniers. Les armateurs des maisons du Maroc ont des comptoirs à Tombouctou, à Djenné, à Ségo ; ceux de Tunis en ont à Sakkatou, à Kanou et à Cachena ; ceux de Tripoli dans le Buernou. — Nous seuls n'en avons nulle part.

Ce ne sont cependant point les Etats Barbaresques qui bénéficient en propre de ce commerce : ils ne sont guère qu'entreposeurs, courtiers, revendeurs et colporteurs : il est accaparé presqu'en entier — exportation et importation — par l'Angleterre, à Souira (Mogador), Rebat, Tanger, Tetuan, Tunis et Tripoli, et même, sur nos limites Est et Ouest, par contrebande (1). A peine fournissons-nous au petit cabotage des caravanes, quand, de notre position centrale, nous pourrions rayonner sur toute la Nigritie et faire de l'Algérie le grand port du Soudan.

Cet état de choses a plusieurs raisons d'être : elles ressortiront d'un exposé succinct du mouvement commercial des Sahariens.

---

(1) Une caravane considérable vient d'arriver du Maroc à Tlemcen ; elle se compose de 150 mulets, 80 chameaux et 200 bourricots, chargés de tissus marocains, de peaux tannées, *mais aussi de tissus anglais*. (*Akhbar* du 8 juillet 1851.)

... A peine les marchandises apportées par cette caravane sont-elles écoulées, qu'on annonce l'arrivée prochaine d'une autre caravane de 300 chameaux chargés des mêmes produits... Les négociants qui font avec les indigènes le commerce des tissus français éprouvent un temps d'arrêt extraordinaire qu'ils attribuent à la libre arrivée des produits anglais dans l'intérieur, soit par la frontière de terre, soit par le littoral. — Dans la province de Constantine, la contrebande par la frontière tunisienne a lieu sur une plus grande échelle encore. (*Atlas* du 8 juillet 1851.)

L'autorité de Constantine voulut une fois s'opposer à la contrebande. Des marchandises furent saisies, et les délinquants déférés à la justice, qui ne crut pas pouvoir condamner. Avant cet acquittement, les Beni-M'zab, qui se livrent surtout à ce genre de spéculation, dissimulaient un peu leurs opérations... Aujourd'hui on n'a aucun motif de prendre ces précautions. (*Akhbar* du 13 juillet 1851.)

Le mouvement est celui du flux et du reflux : A des époques fixes, les nomades, et avec eux, sous leur protection, les marchands des villes et des kessours, se rapprochent du Tell pour s'y approvisionner de grains, écouler les produits de leur sol, de leur industrie, de leurs chasses, de leurs troupeaux, et se fournir, par échange ou par achat, d'objets manufacturés ou de nécessité première (1). Ces opérations terminées, ils rebroussent chemin, et c'est alors que s'organisent dans les centres d'entrepôt les caravanes du Soudan. J'ai dit s'organisent, j'aurais dû dire s'organisaient ; car, bien que les hardis aventuriers qui tentaient ces périlleux voyages gagnassent cinq ou six cents pour cent sur les objets d'exportation, c'était surtout sur les esclaves importés qu'ils réalisaient d'énormes bénéfices. Or, les premiers effets de la conquête de l'Algérie ont eu pour double conséquence de faire diverger vers le Maroc et vers Tunis les caravanes soudaniennes ; et, par contre, de suspendre toutes relations de notre Sud avec la Nigritie. Avec la paix, les petites caravanes, celles que j'ai appelées de cabotage, sont en partie revenues à nous, et il en eut été ainsi sans doute des caravanes de long-cours, si nous ne leur avions pas enlevé leur premier mobile en proclamant la liberté des noirs et l'abolition de l'esclavage dans nos possessions. *C'est une prétendue bonne œuvre, qui, sans résultat aucun pour l'amélioration du sort des nègres,*

---

(1) Pour plus de détails, voir les ouvrages de M. le général E. Daumas.

mais au grand bénéfice du Maroc et du Tripoli, donc des Anglais, leurs fournisseurs, porte au commerce algérien un coup fatal ; car, outre qu'une somme considérable de marchandises s'écoulait par les caravanes soudaniennes, et qu'elles en versaient à leur lieu d'arrivage une somme plus considérable encore et surtout plus précieuse, elles vivifiaient tous les marchés de la Régence et y attiraient de nombreux trafiquants qui s'en sont retirés avec elles.

Il faut bien l'avouer d'ailleurs, si pénible que soit l'aveu : on a trop souvent, ici, donné raison à M. Blanqui, l'économiste, qui écrivait dans le *Dictionnaire du Commerce* : « Acheter à bon marché et ven-« dre cher, mentir et tromper, résume, aux yeux d'un « grand nombre de marchands, la science commer-« ciale (1). »

---

(1) Ainsi en 1845, nous avons vu des habitants d'El-Aghouat, arrivés à Alger à la suite d'une caravane, venir à la direction centrale des affaires arabes réclamer contre un marchand qui leur avait vendu des pièces de cotonnades dont la trame. de moins en moins serrée, à mesure qu'on déroulait la pièce, n'était plus, à la fin, qu'un filet véritable empâté d'amidon,

On lisait dans le *Zéramna*, en 1850 :

« Les revendeurs continuent à exploiter les Arabes au su-« jet des laines. Plusieurs de ces individus ont été surpris « par la police avec des laines pleines de terre, et tout im-« prégnées d'eau, afin de leur donner plus de poids. »

Dans l'*Akhbar* du 24 février 1852 :

« Les articles tissus, pour Arabes, sont en calme plat. Il est « du reste presqu'impossible d'établir un cours : chaque dé-« tenteur *ayant fait fabriquer* des qualités et dimensions « particulières...... Il en est résulté une défaveur notoire « et une méfiance réelle pour les marchandises françaises... « .... etc. etc..........

Si nombreuses que soient les honorables exceptions que n'atteint point cette appréciation, elles seront sans influence et subiront la méfiance des indigènes aussi longtemps qu'elles resteront à l'état
d'exceptions.

Quand nos marchands comprendront-ils donc ce
que l'on comprend si bien en Angleterre : qu'en
commerce la véritable adresse est la bonne foi. —
Et cette adroite bonne foi les Anglais la poussent
jusqu'au scrupule : leurs pièces de cotonnades et de
toiles sont livrées à tel aunage, calculé sur le retrait
qu'elles subiront au lavage. Ce fait que j'ai pu cons-
tater à Tunis se reproduit partout où l'Angleterre ou-
vre un comptoir, et jusqu'au fond de la Nigritie où
nous avons précisément à lui faire concurrence.

Aussi, les tissus anglais jouissent-ils au détriment
des nôtres d'une faveur si marquée, qu'en 1844,
quand ils furent frappés en Algérie d'un droit prohi-
bitif, la maison Cohen Scali, d'Oran, qui s'en trouva
largement pourvue, réalisa en quelques mois une fortune énorme.

Si donc, en même temps que nous rappellerons à
nous les caravanes en leur rendant l'aliment nègre
qui nous les ramènera certainement, nous ne prenons
de très sérieuses mesures pour contraindre notre
commerce à lutter de loyauté avec ses concurrents,
nous verrons encore les Sahariens se bifurquer les
uns à droite, les autres à gauche, dans leurs migra-
tions périodiques, au risque des pillards et des im-
pôts, mais à l'abri de nos marchands.

A toutes ces raisons que j'essaye d'exposer avec tous les ménagements possibles, mais qu'il faut bien, en somme, exposer clairement; à toutes ces raisons qui tendent à refouler les indigènes en dehors de nos marchés, j'en ai entendu joindre une autre qui ne me paraît pas aussi concluante. Comme on la pose toutefois sous forme d'aphorisme philosophique, et qu'elle en acquiert un certain semblant d'importance, je suis forcé de la prendre au sérieux et de la détruire consciencieusement.

On croit donc que notre qualité de chrétiens réduit les relations commerciales des musulmans avec nous aux exigences les plus étroites de la nécessité et de la politique.

C'est ne connaître ni les Arabes, ni l'histoire de leurs relations avec la France, l'Espagne et l'Italie au moyen-âge, à cette époque de la glorification la plus insensée du fanatisme religieux musulman; ni ces curieux traités, qui non-seulement ouvraient les ports barbaresques à l'Europe Méridionale, mais qui donnaient droit de cité sur la côte à des comptoirs, à des couvents, permettaient aux Pisans de se mêler aux caravanes sahariennes et dont les dates ont cela de remarquable, qu'elles coïncident avec celles des croisades. Ainsi, pendant que d'un côté les chevaliers chrétiens guerroyaient avec l'infidèle, l'infidèle de l'autre pactisait avec les marchands chrétiens (1).

____

(1) Voir pour tous ces traités ; l'*Algérie* par M. le baron Baude, 2e vol. — *Aperçu des Relations commerciales de l'Italie avec les Etats Barbaresques*, par M. de Mas-Laterie. —

On disait de Pise au douzième siècle : c'est une ville impie où l'on trouve des Turcs, des Arabes, des Lybiens, des Parthes, des Chaldéens et autres payens (1).

Que n'en peut-on dire autant d'Alger.

Les Arabes en général, comme tous les peuples en enfance, qu'ils en soient là parce qu'ils sont trop jeunes ou parce qu'ils sont trop vieux, ont pour premier mobile l'égoïsme, l'intérêt ; les Sahariens dont nous avons surtout à nous occuper subissent particulièrement cette loi de nécessité, imposée à toute société rudimentaire ou en décadence ; ils en ont fait un proverbe : « Nous ne sommes, disent-ils, ni « musulmans ni chrétiens ; nous sommes de notre « ventre. » Ils ajoutent : « La terre du Tell est notre « mère, celui qui l'a épousée est notre père. » Si donc nous savons donner satisfaction à cet égoïsme du ventre ; si nous ne le trompons point dans ses appétits ; si, au contraire, nous l'exploitons avec intelligence, ainsi que Fourrier veut qu'on fasse de la gourmandise chez les enfants ; si, en somme, aujourd'hui que les Sahariens sont assurés de trouver sur nos routes sécurité, protection, justice, toutes garanties essentielles qui leur manquent sur les chemins de Fez et de Tunis ; le prix et la qualité de

---

Mémoires historiques sur l'Algérie, par M. Pelissier. — *Notice des principaux traités de commerce conclus entre la France et les Etats Barbaresques. — Du commerce de l'Afrique Septentrionale,* par M. de Maury. — *Lettres édifiantes,* 2ᵉ vol., mission du Levant. — *L'Orient, Marseille et la Méditerranée,* par Ed. Salvador.

(1) Lebas, *Histoire du Moyen Age,* page 479.

nos marchandises et la bonne foi de nos marchands étant d'ailleurs les mêmes que dans l'Est et dans l'Ouest, ils viendront droit à nous.

Cette revue rétrospective des transactions commerciales du monde chrétien avec le monde musulman pendant près de cinq siècles, du dixième au quinzième, témoigne assez de l'énorme quantité de marchandises qu'ils échangeaient entre eux, et, comme conséquence, de l'énorme mouvement de fonds mis par eux en circulation au grand bénéfice de nos fabriques. Ce commerce toutefois, quand nous avons pris Alger, n'était plus que relativement insignifiant. Depuis longtemps déjà, deux grands événements, la découverte de Colomb et celle de Gama, l'avaient dépaysé. Ce fut toute une révolution pour le commerce en général. De méditerranéen qu'il était jusque-là, il devint transatlantique et transaustral. Les riches produits de l'Asie intérieure cessèrent d'arriver aux ports de la mer Noire, de la Syrie, de l'Arabie et de l'Égypte, pour descendre dans ceux de l'Inde et du golfe Persique, où les flottes européennes venaient à leur avance (1).

En Amérique on pillait l'or à pleins vaisseaux.

Cette terrible et double concurrence devait ruiner

____

(1) Le commerce qui se fait à Alep de toutes sortes de marchandises qu'on y apporte de Perse et des Indes, rend la ville très peuplée ; mais on remarque que ce commerce qui était autrefois très grand est un peu diminué depuis que les négociants européens ont trouvé moyen d'aller par mer aux Indes. (Mémoire sur la vie d'Alep. *Lettres édifiantes* vol. 2ᵉ, page 75.)

l'Afrique, et la mettre, par contre, en oubli. On ne se souvint d'elle que pour lui demander des esclaves. L'avarice réhabilita l'esclavage, digne origine !

« De là date la décadence des Etats barbaresques « que les Turcs, leurs nouveaux conquérants, oppri- « maient d'ailleurs en même temps qu'ils substi- « tuaient aux relations commerciales des musulmans « avec les chrétiens, la piraterie organisée et la trai- « te des blancs. »

Mais je ne saurais admettre, quoiqu'on en ait dit, que les guerres des Espagnols en-deçà et au-delà du détroit, aient concouru, avec la découverte de l'Amérique et du cap de Bonne-Espérance, à sequestrer les Barbaresques en dehors du monde commercial. Quelqu'acharnées qu'on les suppose, elles n'auraient pas autrement agi sans doute que les croisades ; elles eurent au contraire pour résultat de verser en Barbarie, avec les Maures expulsés d'Espagne, un renfort d'industrie et de civilisation. Ce que nous en avons trouvé en Algérie, ce qu'on en trouve encore à Tunis et dans le Maroc, ordre d'architecture, orfèvrerie, armurerie, damasquinage, broderie sur cuir et sur étoffe, tissages, calligraphie, n'est, pour la forme et le dessin, qu'un décalque plus ou moins habile des types merveilleux de l'art mauresque-espagnol. Il en est de même pour les sciences : les plus savants en sont encore en médecine, en astronomie, en géographie, en jurisprudence, en histoire, à ce que leur ont légué leurs premiers siècles. Arts et sciences traditionnels, les uns incertains, les autres légendaires, tous à la fois dégénérés sous la fatalité de cette loi commune aux sociétés comme aux individus : progrès ou décadence.

Quelles que soient du reste les causes qui pendant plus de trois cents ans ont expatrié le commerce européen de la Méditerranée, elles cessent d'avoir tout effet aujourd'hui par la constitution de la Grèce en état indépendant ; par la position de l'Angleterre à Malte et à Corfou ; par la nôtre en Algérie ; par les tendances de Tunis à se dégager de la barbarie ; par l'impuissant isolement de Tripoli ; par cette alternative faite au Maroc de s'ouvrir à la civilisation, comme l'Egypte, ou de lui être acquis par les armes, comme Alger ; par la force des choses qui entraîne Constantinople et qui entraînera la Perse dans le concert européen ; par les derniers événements qui se sont accomplis dans la Mer-Noire ; par ceux qui se préparent dans l'Inde, en Chine et en Cochinchine ; par la multiplicité toujours croissante de ces flottes pacifiques à vapeur qui relient l'Ouest au Levant ; — et surtout par l'ouverture de ce simple fossé, qui s'appellera le Détroit Lesseps et qui rapprochera de trois mille lieues les deux mondes.

Nulle nation mieux que la France, par Marseille et par Alger, n'est en position de se donner le premier rôle dans cette révolution commerciale, et de la faire pénétrer jusque dans les Soudans.

Le commerce soudanien d'ailleurs, tout réduit qu'il est à ne pourvoir qu'à des besoins de nécessité première ou de luxe peu coûteux, et à n'exporter que des produits naturels, peut à bon droit déjà, et plus qu'il ne l'a fait encore, solliciter notre attention.

Une quantité considérable d'or natif, dit M. Perron, ancien directeur de l'Ecole de médecine du Caire (1), est apportée du Soudan au Marreb, par les caravanes; les redevances ou tribus que s'imposent les uns aux autres les petits états et les provinces ou qu'imposent les gouvernements à leurs chefs de district sont souvent fixés par once d'or.

.... « Douze à quinze millions d'or natif sor-
« tent annuellement du Soudan pour s'embarquer
« sur les navires d'Europe qui courent les côtes oc-
« cidentales de la moitié septentrionale de l'Afri-
« que. De vingt à trente autres millions, encore or
« natif, *traversent tous les ans les sables du Sahara,*
« pour passer sur la rive Nord de toute la Maurita-
« nie, et s'en aller par mer du côté de la Turquie,
« de la Grèce, de l'Asie-Mineure, de la Syrie et pé-
« nétrer jusqu'en Perse et dans les Indes. Il y a en-
« viron quarante ans, il s'exportait au Maroc seule-
« ment, plus de soixante millions, dont la plus
« grande partie était de la poudre d'or (2). D'après

---

(1) *Précis de Jurisprudence musulmane,* traduit par M. Perron. — V. 3me, page 568.

Voir également pour la production en or des mines de la Falemé l'ouvrage de M. Anne Raffenel. — Ce sont celles dont le Gouvernement français a prescrit l'exploitation.

(2) La poudre d'or est recueillie par les nègres dans des tuyeaux de plumes ou de roseaux, ou même dans de simples chiffons noués ; les marchands voyageurs la portent dans des sacs faits de la peau du cou d'un chameau. L'or s'exporte également, grossièrement ouvré, en tiges ou en chainons

« Mac Queen, l'état de Tembektou payait au Maroc, en
« 1590, un tribut annuel de soixante quintaux d'or. »

On lit dans Ibn Khaldoun, cité par M. Berbrugger,
que le roi de Malli arriva de son pays au Caire avec
quatre-vingt charges de poudre d'or, pesant chacune
trois quintaux.

Un homme véridique de Selgemessa, ajoute le
même historien, m'a raconté, en 776 (1374 de notre ère), que dans le pays de Kaskar, chez les noirs,
le sultan Data, successeur de Mensa-Moussa, vendit
le célèbre bloc d'or regardé comme le trésor le plus
rare des sultans de Malli. Il pesait vingt quintaux et
était tel qu'on l'avait retiré de la mine.

Un Anglais qui voyageait en 1842 dans le Maroc
et l'Algérie, résumait comme il suit ses impressions
de voyage (1) :

« L'occupation complète de l'Algérie par la Fran-
« ce livrera à cette nation un commerce d'importa-
« tion et d'exportation que j'estime à *cent soixante-
« quinze millions.* Aujourd'hui, la majeure partie du
« négoce avec Tembektou et le désert se fait par
« Tlemcen et Fez, d'où *les marchandises anglaises*
« sont emportées dans le Sud par les trafiquants in-
« digènes.

---

plats ou tordus, non soudés. Sous les deux formes, il est es-
timé par mitkal ; le mitkal représente 4 gr. 781 ou une valeur de 14 fr. 82. — A Tombouctou, deux mitkal d'or, soit
29 fr. 62, s'échangent contre un douro d'Espagne, 5 fr.....
Le poids de 100 mitkal s'appelle *sarra*. (Prax. *Commerce de
l'Algérie avec l'intérieur de l'Afrique,* 1850.)

(1) Scott *a Journal of residence in the esmailla,* p. 150.

« Mais si la ligne de la Tafna est jamais occupée
« par les troupes françaises, il y aurait peu de de-
« mandes en Algérie de marchandises anglaises,
« dûssent-elles y entrer franches de droits, parce
« que les manufacturiers français pourraient fournir
« à meilleur marché que les nôtres. En voici la rai-
« son : les marchandises européennes paient dix
« pour cent au moment du débarquement dans un
« port du Maroc ; elles paient un autre droit de dix
« pour cent quand elles doivent aller à l'intérieur.
« — Elles auraient donc acquitté vingt pour cent
« avant d'atteindre l'Algérie ou le Sud. Bien plus,
« les Français mettant à profit les droits élevés que
« les produits européens paient dans le Maroc, pour-
« raient introduire leurs marchandises en contre-
« bande par la frontière de l'Ouest et en inonder les
« états de Moula Abd er Rhaman. »

Or, ce commerce considérable, qu'il dépend de
nous d'élever à des proportions toujours progressives, en raison directe des besoins nouveaux que
notre apport plus ou moins actif de civilisation fera
se revéler chez les races nègres, nous pouvons, sans
nous faire contrebandiers, comme nous le conseille
M. Scott, mais ouvertement et loyalement l'accapa-
rer tout entier, importation et exportation, par un
système intelligent de caravane. — Nous pouvons,
par nos ports, inonder l'Algérie de nos produits, et,
par elle, le Sahara, et par le Sahara la Nigritie. En
retour, tout cet or en poudre, en paillettes, en tor-
sades, en chaînons, si patiemment recueilli dans

les sables étincelants des tropiques, et si magnifi-
quement donné par les nègres et les négresses en
échange de verroteries, d'étoffes voyantes, d'aiguil-
les, de miroirs, de tabac, de poudre, de quincail-
lerie, etc., toutes choses dont nous n'avons que faire, nous pouvons l'attirer à nous avec toutes ces
cargaisons d'ivoire, de parfums, d'épices, de gom-
me, de civette, d'alun, d'encens, de plumes d'autru-
che, etc., etc, sous le poids desquelles s'agenouil-
lent cent mille chameaux.

La Nigritie, du Sénégal au lac Tchad, forme la
base d'un triangle dont l'Algérie est le sommet, et
dont les deux côtés sont les routes des caravanes‘
— position unique au monde — tout le commerce
soudanien peut, à l'exportation, rayonner du sommet
à la base ; à l'importation, s'engouffrer de la base
au sommet.

Si nous avons donné à cette question un aussi
long développement, c'est que nous la considérons
comme capitale : le commerce, au temps où nous
vivons, est ou doit être l'agent le plus actif de la
civilisation; et pour n'appliquer la formule qu'à l'ex-
ception qui nous occupe, nous demeurons convaincus
que si le commerce en se retirant des côtes barbaresques les a réduits au déplorable état où nous
les avons trouvées, il peut les rappeler à la vie, et,
de là, par le grand désert, porter en Nigritie notre con-
tagion moralisatrice.

Avec chaque ballot s'importe une idée.

Les intérêts agricoles de l'Algérie, et, avec eux,

ceux de sa métropole sont ici placés directement en cause, comme ceux de leur commerce : l'Algérie complète, en effet, cette zône régionale des cultures industrielles, circonstruites dans quelques-uns de nos départements méridionaux, et dont la production en huiles, en matières soyeuses brutes ou préparées, en essences, en garance, etc., etc., reste de 200 millions au-dessous des besoins de la France.

Quant aux autres produits que la France demande à l'étranger, soit comme apport à sa production générale insuffisante, soit que son climat les lui refuse et que l'Algérie peut lui fournir, ils s'élèvent à la valeur de 450 millions (1).

Or, toutes ces richesses de la terre, que le ciel a réparties d'une hémisphère à l'autre, comme pour inviter les peuples, dont les besoins sont communs et les ressources dispersées, à fraterniser entre eux, nous pouvons les grouper sur notre sol algérien, dans ce vaste jardin d'acclimatation générale, où ces deux associés prédestinés, le nègre et le blanc, peuvent impunément se donner rendez-vous; et dont le coton de l'Amérique, les arachides de la Guinée, le café de l'Yémen, peut-être, occuperont le Sud; le riz de l'Italie, l'embouchure des fleuves; le blé, le tabac, la cochenille, la garance, le mûrier, les vastes plaines; l'olivier, les montagnes; le figuier, la vigne et l'a-

____

(1) Voir pour les chiffres exacts et spéciaux à chaque objet, la *Statistique générale de la France* et le *Catalogue des Produits de l'Algérie à l'Exposition universelle de 1855*, publié par le ministre de la guerre.

mandier, les côteaux ; tous les arbres à fruits d'Europe, les vallées ; tous les arbres à fruits des deux Amériques et de l'Asie, les vergers ; tous les arbres à fleurs du globe, les jardins.

Nous pouvons multiplier, dans nos prairies, les plus beaux et les meilleurs chevaux du monde ; développer par des soins intelligents les qualités natives des bestiaux indigènes ; façonner au joug les buffles des Maremmes ; y parquer les vaches de la Suisse, du Piémont et du Charolais. — Nous pouvons, sur les hauts plateaux, parfumés de plantes aromatiques, et déjà peuplés de gazelles, nous donner par milliers les mérinos d'Andalousie, les chèvres de Cachemire et celles d'Angora.

Pour nos plaisirs de luxe, nous pouvons enfin peupler nos forêts, où fourmillent les sangliers, les renards, les chacals et le menu gibier, — de daims, de chevreuils et de cerfs.

Ne désespérons donc point de voir un jour l'émigration européenne prendre le chemin le plus court pour arriver à la fortune. — Il semble contraire en effet à l'esprit de la Providence que le trop plein de l'Europe se déverse en Amérique quand elle a l'Algérie à sa porte.

Mais, comme sous tous les climats méridionaux ou la race sémitique va se faire une patrie nouvelle, il lui faudra, sous la nôtre, l'indispensable auxiliaire d'une race d'avance acclimatée. — Peut-êre mêmet Dieu n'attend-il, pour faire diverger vers l'Algérie le courant d'émigration des blancs, que l'arrivée au même point d'une émigration soudanienne, qui prépare le terrain à recevoir ses nouveaux hôtes.

Ainsi que le fait remarquer M. Baude, que nous avons toujours à citer, « certaines entreprises ne sont exécutables que par les mains des noirs. Les défrichements, dont les résultats donnent à la longue le meilleur de tous les assainissements, ne se font pas toujours impunément, même en Europe ; et lorsque la terre est exposée à l'action de l'air et du soleil, après y avoir été longtemps soustraite, elle ne reprend sa fertilité qu'après s'être purgée de miasmes d'autant plus dangereux que le climat est plus chaud; mais les nègres bravent impunément des émanations mortelles pour les blancs, et cette propriété les appelle à _devenir les pionniers avancés de l'Algérie._

« C'est à eux à dessécher les marais qui repoussent le laboureur, à creuser des canaux et des ports, à apprendre enfin dans ces travaux à cultiver le sol pour leur propre compte. »

La race nègre, en effet, si elle n'a point en elle le principe de la perfectibilité spontanée, possède à un haut degré les facultés d'imitation et d'assimilation. Dans tous les pays où ils ont été importés, les noirs ont donné d'excellents ouvriers agricoles et d'art, et de précieux serviteurs de la maison.

Sans arriver que difficilement à parler très purement la langue de leurs maîtres, ils arrivent très vite à s'en faire une dont le vocabulaire est assez étendu pour suffire à l'échange obligé des idées, où leur intelligence est appelée à se mouvoir.

Nous n'avons point, du reste, à nous préoccuper des objections qu'on pourrait nous faire quant à leurs aptitudes générales, leur soumission, leur fidélité. Une expérience de trois cents ans donne à la question valeur de chose jugée ; s'ils ont pris quelque part, comme à Saint-Domingue, une attitude de révolte absolue, ou de sédition comme à la Martinique et à la Guadeloupe ; s'ils en ont une aujourd'hui menaçante aux Etats-Unis, c'est que dans leur condition d'esclaves et de bétail humain leurs passions et leurs instincts devaient tôt ou tard se traduire par un dévergondage de liberté. Mais il est remarquable que dans les Etats musulmans, où le nègre esclave n'est que le serviteur de son maître ; où la couleur de sa peau n'est point un stigmate d'infamie ; où sa condition n'est qu'une condition inférieure, rien de plus ; où l'affranchi rentre dans la société sans que son origine le relègue à distance du mépris des blancs, l'histoire de l'esclavage n'offre pas un seul exemple de sédition.

La position que nous leur ferons sera bien autre encore, et telle que nous n'aurons point à craindre qu'ils arrivent jamais, quel que soit leur nombre, à l'état de valeur dangereuse.

Dans l'ordre politique, il y va d'ailleurs d'un résultat immédiat non moins grave. Avec quatre ou cinq cent mille hectares seulement en cultures de blé, l'Algérie, dont le rendement est de quinze à seize hectolitres à l'hectare (façon européenne), comblerait le déficit annuel de la France et la mettrait à l'abri de toute éventualité de disette. Or, toute année de disette est le prélude de quelques perturbations politiques, — *male suada fames*, que les Arabes traduisent par : « Quand le ventre est « creux, il gronde ; quand il est plein, il dit à la « tête : Chante ! »

Et cette question d'alimentation, à laquelle est plus ou moins subordonnée la stabilité des Etats modernes prend chaque jour des proportions plus effrayantes : M. Michel Chevalier, qui fait autorité en pareille matière, a démontré que l'apport annuel en blé des pays producteurs, tels que la Russie et les Etats Unis, n'est que de treize millions d'hectolitres qui répondent à peine aux besoins de la seule Angleterre ; et il est arrivé à en conclure qu'il faut s'habituer à faire entrer le maïs pour une part considérable dans la panification (1).

Nous admettons avec lui « que l'Egypte ne pro- « duit plus que très-peu de blé, parce que les cul- « tures dites commerciales, le coton et le sucre, « envahissent son territoire, et qu'il en est de mê- « me pour tous les pays chauds, notamment pour le « royaume des Deux-Siciles. »

En France même, ajouterons-nous, la vigne, la betterave et le colza se sont substitué au blé sur de vastes étendues, et la consommation du blé, pourtant, y est toujours croissante en raison du grand nombre d'ouvriers, appelés dans les villes et sur les

---

(1) *Le blé,* par Michel Chevalier. — *Annuaire de l'Economie politique,* 1855.

chantiers par l'industrie, et qui, dans leurs villages
et leurs hameaux, ne vivaient autrefois que de pain
inférieur, avec supplément de châtaignes, de sarra-
zin et de *gaudes*.

Mais, si constantes et si progressives que soient
les causes d'une diminution notable dans la production des blés et d'une augmentation dans leur consommation, l'Algérie, sans laquelle a compté **M.**
Chevalier, sera là pour les atténuer, au moins quant
à la France.

Avec elle nous n'avons point à redouter les effets des
regrettables phénomènes économiques dont peuvent
être menacés les autres Etats : elle ne faillira point à
son honneur traditionnel : elle nourrira la France
aujourd'hui comme elle nourrissait Rome autrefois.

A ce point de vue, surtout, elle aura bien mérité
de tous dans la métropole, peuple et gouvernement ;
moins, à son honneur encore, de ces enfants perdus
de la civilisation qui exploitent les disettes au profit
des révolutions.

Tous ces résultats, je le répète, et avec eux une
franche et large émigration de colons Européens,
sont subordonnés à l'introduction préalable de nègres dans notre colonie.

Au nom de la religion qui s'en fera des prosély-
tes ; au nom de la philantropie qui en fera des heu-
reux ; — et, pour faire la part à tous, — au nom
des intérêts matériels de la France et de l'Algérie,
engagés dans cette œuvre humanitaire pour sept
cents millions, appelons-les donc à nous.

— 34 —

Pour en avoir cent mille ce pourrait être l'affaire de trois ans.

D'après les données les plus exactes, la traite en livrait annuellement (1) :

Aux Amériques	150,000
Aux mahométans par la côte Est de l'Afrique	30,000
Par caravanes	22,000
Total	202,000

Un excellent article sur la marche des caravanes, publié en 1836, dans la *Revue africaine* (2), porte même à 80,000 le nombre des nègres expatriés annuellement par le désert et par les cinq grandes voies de communication qui desservaient les Soudans, de l'Egypte à l'océan atlantique.

En 1854, d'après Graberg di Hamso, le Maroc à lui seul en possédait 120,000 (3).

---

(1) *De la traite des esclaves en Afrique,* par sir Thomas Fowell Buxton, page 70. Cet ouvrage est sans contredit le plus complet et le mieux étudié qui ait été écrit sur cette question. — Voir également les *Recherches statistiques sur l'esclavage colonial,* par M. Moreau de Jonnès. Le célèbre statisticien reste au-dessous des chiffres donnés par Buxton, mais il ne tient pas compte de la traite par caravane.

(2) Cette revue était fondée sous les auspices de MM. Isambert, Laffitte, de La Borde, Odillon Barrot, etc., etc., avec la collaboration de MM. Jomard, de La Borde, E. Pelissier, Berbrugger, Dureau de la Malle, etc., etc. Elle a cessé de paraître depuis longtemps. — Celle qui se publie aujourd'hui sous le même titre et sous la savante direction de M. Berbrugger, la fait revivre dignement.

(3) Specchio de l'imperio di Marocco.

Il n'est point du reste de voyageur en Afrique qui n'ait rencontré sur sa route, comme Jakson en 1805, — Riley en 1807, — Lyon en 1821, — Oudney Clapperton et Denham en 1823, — et plus récemment Richardson, Barth, Overweg, Lawington, une ou plusieurs caravanes de mille à dix mille esclaves ; et n'ait compté par milliers, ceux qui, plus malheureux encore, attendent leur mise en vente, parqués dans des étables ou étalés dans les marchés. A Noufi, il n'est pas un marchand qui n'ait toujours de huit à dix mille esclaves tous prêts, et des commis, esclaves eux-mêmes, associés à son commerce ou commerçant pour leur propre compte, qui en ont mille à deux mille au moins (1).

Il est évident, dit Burkhartd, que le nombre de ceux qu'on exporte est considérablement au-dessous de ce qui reste dans les limites du Soudan.

Où donc est l'action bienfaisante de l'abolition de la traite ?

Quelle œuvre de miséricorde nous avons à accomplir!

Des cinquante ou quatre-vingt mille esclaves exportés par caravanes, — selon que l'on prend l'un ou l'autre des chiffres que nous avons donnés, — moitié à peu près s'écoulait et s'écoule encore en Egypte, en Arabie, en Turquie, en Syrie et en Perse ; moitié sur les côtes barbaresques, dans le Sahara et les Oasis les plus avancés du désert, de Tripoli au Maroc, du Fazzan au Touat.

____

(1) Commerce et industrie dans le Soudan. — Tradui par M. Perzon.

C'est donc, terme moyen de 35,000 travailleurs que nous pouvons nous recruter : car, à n'en pas douter, toutes les caravanes nous arriveront aussitôt que nos relations seront ouvertes avec le Bournou par Tuggurt, Souf, Ratt, Murzouk et la route de Clapperton ; avec Kachena par el-Aghouat, Insalah, le Djebel Hoggard, Ahir, Agdez et Dmergou ; — avec Tombouctou par el-Aghouat, Insalah et la route de Caillé, — avec le Ludamar, le Kâarta, le Bambouk par une route à peu près parallèle au départ, mais obliquant ensuite au Sud-Ouest pour franchir les forêts de gommiers dont les produits se traitent dans nos escales du Haut-Sénégal.

Alger dès lors, à travers cette immensité, tendra la main à Bakel et à St-Louis.

Nous avons sous les yeux cinq brochures dont le titre est à peu près le même : *Projet d'une expédition française dans l'Afrique centrale.* Elles témoignent certainement, quant au fond, des excellentes intentions de leurs auteurs et d'études sérieuses. Mais en ce qui concerne les renseignements de détail qu'elles donnent sur les approvisionnements indispensables des caravanes trans-sahariennes, sur leur organisation en vue de toute éventualité, et sur la route à suivre de leur point de départ à leur point d'arrivée, nous demandons la permission d'en faire ce que nous ferons également de ceux que nous pourrions produire : nous n'en tiendrons pas compte.

La première condition de réussite en effet, est de ne point embarrasser d'Européens les caravanes

que nous aurons à diriger vers le Sud, et de nous
en remettre absolument, pour les approvisionnements et pour la route, aux khrebirs ou conducteurs ;
pour la protection, aux Touaregs. Un proverbe saharien dit : « Jamais grenouille n'a traversé le pays
« de la soif ; » et, tous, nous sommes plus ou
moins grenouilles.

Après une première expérience, que l'on risque
quelques savants, comme l'indique M. le baron Au-
capitaine, dans une très bonne étude sur la caravane
de la Mecque, les grandes caravanes et le commerce
de l'Algérie (1), nous l'admettons ; mais pour aujourd'hui nous devons, dans l'intérêt même de la
science, assurer à notre entreprise un succès déci-
sif, purement commercial.

C'était l'avis du chef touareg azguer, Ikhrénou-
ken, que nous avons vu dernièrement à Alger. —
« Je me charge, disait-il, de conduire, où vous le
voudrez, une de vos caravanes et de la ramener avec
le bien ; mais pas de marchands chrétiens. La solli-
citude dont je serais obligé de les entourer ; les exigences de leurs habitudes, auxquelles il me faudrait
pourvoir ne me laisseraient pas ma liberté d'action.
Nous verrons plus tard, et, quand le temps sera venu, je répondrai d'eux sur ma tête. »

L'archipel montagneux occupé par les Touaregs
du Nord, dans l'océan saharien, s'étend de l'oasis de
Ratt à l'Est au djebel Hoggard à l'Ouest, sur une

---

(1) *Revue Contemporaine*, du 15 octobre 1857.

longueur de 250 à 300 lieues, et barre ainsi la route
à toutes les caravanes soudaniennes.

Avant d'arriver à destination d'ailleurs, elles ont
encore à franchir le pays des Touaregs du Sud, placés à l'avant-garde du Bournou et du Tombouctou.

Pirates et douaniers dans cet immense espace de
cent mille lieues carrées, ils y prélèvent sur le commerce un droit de protection et de transit ou s'ar-
ment en course contre les contrebandiers.

Il y va donc de notre intérêt absolu de nous en
faire des intermédiaires, comme il y va du leur de
nous en servir ; et leur loyauté nous est acquise par
cet intérêt même.

Nous avons vu que le chef de la députation des
Azguers, arrivés à Alger en 1856, a fait à cet égard
des offres de services à M. le Gouverneur-Général ;
depuis cette époque « nos rapports avec eux ayant
« été plus fréquents et de plus en plus satisfaisants,
« quelques-uns d'entre eux se sont rendus encore à
« El-Aghouat, conduits par le cheikh Ottman, l'un
« des personnages qui ont fait le voyage d'Alger, et
« se sont chargés de conduire jusqu'à Ratt une ca-
« ravane organisée par nos soins (1). »

Cette caravane dans laquelle trois caïds des Ouled

______

(1) Ratt est une petite ville de 400 à 500 maisons. Tous
les ans, au mois de novembre, les caravanes y arrivent de
toute part et y forment un marché considérable. C'est le moment où les marchands de R'damès, de Tripoli et du Djérid
y reçoivent les caravanes qu'ils ont envoyées dans le Soudan
l'année précédente et en forment de nouvelles. (*Moniteur
algérien* des 10 et 25 janvier.

Nayls ont engagé chacun mille francs et trois charges de marchandises, compte soixante et quelques
chameaux, chargés de blé, de laine, de beurre et
d'une somme de 20,000 francs argent. Elle se compose de gens des Ouled Nayls, de Laarbas, des Beni
Laghouat et des Beni M'zab ; et les fantassins qui
l'accompagnent, comme chameliers, appartiennent à
la Smala même de Laghouat. Tout ce personnel laisse
donc derrière lui, chez nous, ses biens et sa famille;
et, son chef, ses intérêts d'avenir.

Ainsi tentée dans des conditions pratiques, dont
nous ne devrons point nous départir de longtemps
encore, cette première expérience sera décisive et son
succès ne saurait être plus douteux que ses incalcu-
lables conséquences.

Entrons donc largement dans la voie que nous
prépare depuis longtemps M. le Gouverneur-Général. Sollicitons de l'Empereur un décret qui autorise
l'introduction en Algérie de 100,000 noirs adultes,
hommes et femmes, et de leurs enfants quelqu'en
soit le nombre, l'âge et le sexe.

Entendons-nous avec les Touaregs pour lancer à
la fois quatre caravanes dans le Soudan, avec mission d'y acheter des captifs et promesse de les ra-
cheter au prix de revient sur un point donné, Tug
gurt, El-Aghouat et El-Biod, par exemple.

A leur arrivée, que des représentants du Gouvernement les reçoivent, en paient le prix, et, dans
une solennité publique, les déclarent libres au nom
de la France.

Qu'on organise aussitôt les hommes en bataillons, sous le commandement hiérarchique d'officiers, de sous-officiers et de caporaux du génie, avec quelques soldats de la même arme, bons ouvriers d'art, à titre de moniteurs ; des aumôniers, des sœurs de la charité et des médecins.

Réunis ensuite en famille, car un nègre sans femme meurt bientôt de nostalgie, qu'on les groupe en smala dans les trois provinces, sur des points désignés pour l'exécution de grands travaux d'utilité publique et la création de villages, dont nous allons trouver plus loin la destination.

Par les soins intelligents de leurs chefs militaires et par leur tâche de chaque jour en même temps que les hommes se façonneront à la discipline, au maniement du fusil, de la pioche et de la charrue, les femmes et les enfants se feront, sous la direction des sœurs, aux travaux du jardinage et des champs ; et, tous ensemble, recevront des aumôniers une éducation chrétienne.

Ils s'acclimateront ainsi peu à peu, et se familiariseront avec nos mœurs et notre langue.

Ce ne sont pas précisément des soldats qu'il s'agit ici de nous donner. Aussi leur laisserons-nous leur costume indigène, le serwal, la gandoura, et, pour l'hiver, un bernous. Serrée autour des reins avec une ceinture, la gandoura ne gênera pas plus qu'une blouse le maniement du fusil, et beaucoup moins que la capote ou la veste le maniement de la pioche ; mais outre que la discipline militaire à laquelle ils seront soumis est, ce me semble, pour des barbares, la meilleure école de civilisation, nous aurions en eux, au premier appel, et dans l'éventualité d'une guerre qui appellerait notre armée d'Afrique sur l'autre continent, un contingent d'hommes nombreux, faits à brûler des cartouches, étrangers aux Arabes par leur langue et leur religion qui serait la nôtre et que nous pourrions leur opposer.

Deux années suffiraient à cette première initiation, durant laquelle ils pourraient être également utilisés par le service des ponts-et-chaussées et mis exceptionnellement, pour les travaux urgents de la moisson, à la disposition des colons.

On les livrerait alors à l'agriculture et à l'industrie privée, à titre d'engagés pour huit ans, avec salaire convenu et sous la surveillance de l'administration, qui, par toutes voies de droit, s'assurerait par ses agents locaux de l'exécution mutuelle des clauses du contrat d'engagement.

S'il en était dans le nombre de trop rebelles au travail ou d'instincts dangereux, le fait serait constaté par procès-verbal et ils seraient renvoyés à la smala, où des peines disciplinaires — légales — leur seraient infligées et où ils feraient corps à part dans les conditions à peu près où sont placés les ateliers des condamnés.

Quant aux femmes, elles suivraient leurs maris chez les colons, où elles seraient employées, comme eux, aux travaux de la culture et d'intérieur. Leurs enfants seraient, jusqu'à six ans, placés dans

nos salles d'asile ; de six à dix ans, dans nos éco-
les, et, passé cet âge, utilisés sur les habitations,
selon leurs aptitudes et leurs forces.

Ce serait là, du reste, l'objet d'un réglement d'administration dont nous avons dû nous borner à tra-
cer à larges esquisses les données principales, et dont
celui qui régit la matière aux Antilles et le décret
présidentiel des 13 février - 12 mars 1852, *relatif à
l'immigration des travailleurs dans les colonies, aux
engagements de travail et aux obligations des travailleurs et de ceux qui les emploient, à la police rurale
et à la répression du vagabondage* serviraient natu-
rellement de base.

L'organisation de nos travailleurs, telle que nous
venons de l'exposer, différant toutefois en plusieurs
points essentiels de celle qui les régit dans les
Antilles, notre législation devrait, par contre, nous
être elle-même spéciale.

Aux Antilles, en effet, les immigrants passent directement des mains de l'agent chargé d'opérer l'immigration, sur les habitations des engagistes, à la
charge par ces derniers d'en rembourser le prix de
rachat, partie comptant, partie par annuités et de
s'en couvrir ensuite sur le salaire de leurs engagés,
fixé par mois à 12 francs pour les hommes, 10
francs pour les femmes, et 8 francs pour les enfants de dix à quatorze ans, plus les soins médicaux
et la nourriture, au moyen d'une retenue de 3, 2
et 1 fr. 50 c. pour chaque catégorie.

A leur arrivée chez nous, au contraire, ils deviendraient, pour deux ans, engagés de l'Etat qui, par conséquent, devrait prendre à sa charge les frais de leur rachat, soit, en moyenne, 250 francs par homme et femme adultes, et 150 francs par enfant de dix à quatorze ans.

Il s'en rembourserait largement par un bénéfice de main-d'œuvre qu'on peut évaluer à 200 p. 0/0 au moins.

Que si l'on calcule d'ailleurs ce que coûte à l'Etat, sans bénéfice aucun pour lui, un ouvrier civil qui vient en Algérie avec frais de route, passage gratuit, nourriture à bord, séjour au dépôt des ouvriers, secours éventuels, frais d'hôpitaux ; et dont le retour en France double quelques mois après la dépense inutile, les chiffres donneront bien autrement valeur à notre proposition.

De la smala d'apprentissage où ils auraient payé leur prix par leur travail, les nègres seraient donc livrés à nos colons, dégrevés de toute redevance, avec un contrat d'engagement mutuel, passé sous les yeux et revêtu de la certification d'un délégué de l'administration présent, et à une solde que nous élèverions à 15 francs pour les hommes, 12 francs pour les femmes, et 10 francs pour les non-adultes, indépendamment des frais de nourriture et de logement ; les soins médicaux, qui restent aux Antilles à la charge des engagistes, leur étant donnés gratuiment par un médecin de colonisation et dans nos hôpitaux.

Ici comme aux Antilles, le rapatriement serait assuré aux immigrants à l'expiration de leur engage-

ment, à la condition par eux de verser mensuelle-
ment une part de leur salaire à une caisse dite d'immigration, mais qui serait organisée sur d'autres ba-
ses que ses similaires de nos colonies.

En raison de sa destination, elle prendrait le nom
de caisse-tontine d'immigration. Les retenues men-
suelles faites aux engagés y produiraient intérêt et se
grossiraient, pour chaque catégorie, hommes, femmes et non-adultes, de toutes celles laissées libres
et vacantes par les décédés sans héritiers en Algérie.

Cette retenue pourrait être :

De 25 cent. par jour pour les hommes soit pour
huit années.......................... 720 fr.

De 15 cent. pour les femmes, soit..... 432

De 10 cent. pour les non-adultes, soit. 288
que les intérêts et les décès porteraient approximati-
vement :

Pour les hommes, à................ 1,000 fr.

Pour les femmes, à 800

Pour les non-adultes qui, d'ailleurs, bé-
néficieraient pendant quatre années de leur
passage dans la catégorie des hommes... 800

Il resterait encore pour pourvoir aux frais de
chaussures, habillement et menus dépenses :

Aux hommes, par mois.......... 7 50

Aux femmes,   id............. 7 50

Aux non-adultes, id............. 7
soit à une famille composée du père, de la mère,
d'un enfant adulte et d'un ou plusieurs enfants en
bas âge, 22 fr. par mois ou par an 264 fr. plus les

produits de leur petit jardin attenant à leur case, comme aux Antilles, de leurs volailles, de leur porc, etc., etc.

Heureuses gens, quand ils se reporteraient par le souvenir à leur case paternelle et surtout au marché où on les a vendus !

Aux colonies, la somme accumulée dans la caisse d'immigration sert, à terme d'engagement, à rapatrier les ex-engagés, désormais sans ressources chez eux, ou leur est remise, s'ils sont admis, en raison de leur bonne conduite, à renouveler leur engagement.

Dans ce dernier cas, il en serait ainsi pour les nôtres ; mais, dans le premier, nous ferions de leur pécule deux parts : l'une qu'ils recevraient en argent pour frais de route et transport des marchandises que nous leur livrerions pour l'autre, et à leur choix, selon qu'ils les jugeraient de défaite plus avantageuse dans le Soudan.

Les hommes faits seraient tenus cependant d'y comprendre un fusil, un sabre et un certain nombre de cartouches.

Ces deux parts pourraient être :

Pour les hommes, en argent 400 fr., en marchandises 600.

Pour les femmes, en argent 350 fr. en marchandises, 450.

Pour les non-adultes, en argent 350 fr., en marchandises 450.

Sur les marchés du Soudan les marchandises importées gagnant en valeur quatre ou cinq cents pour cent, elles représenteraient, pour chaque individu, une véritable fortune, facilement réalisable.

Or, le courant d'aller et de retour étant établi, c'est-à-dire dans dix ans, le rapatriement du premier tiers de nos engagés réduits à 30,000, en fesant une large part à la mortalité, laisserait annuellement au commerce local, par :

15,000 hommes . . .	9,000,000
12,000 femmes	5,400,000
3,000 non-adultes .	1,350,000
Total. 30,000	15,750,000

Quant à la somme qu'ils importeraient, 11,250,000 fr., et qui vivifierait le Soudan, elle nous reviendrait bientôt elle-même, en retour d'importation, dont la valeur serait de quatre ou cinq fois moindre.

Ce seul mouvement de quelques milliers d'hommes entraînerait donc un mouvement de 27 millions d'affaires commerciales, et ce ne serait là qu'un chiffre insignifiant, comparé à celui qui s'agiterait, comme conséquence, dans nos fabriques et sur les marchés soudaniens, par la voie des caravanes, importation et exportation.

Encore si M. Régis érpouvait d'insurmontables obstacles pour accomplir son entreprise d'immigration de la côte Ouest de l'Afrique aux Antilles, la voie du désert lui serait-elle ouverte ; il ne trouverait plus là ni Anglais ni négriers — et le prix de ses engagés qu'il ne peut conduire à destination que pour 500 fr. l'un

(200 fr. de rachat, 300 fr. pour transport, vêtements et nourriture) — resterait au moins ce qu'il est, si même il n'était de beaucoup réduit.

Les Antilles s'alimenteraient donc par Alger, et les conséquences les plus immédiates de ce fait, sans les considérer au point de vue des nouveaux intérêts qu'ils feraient se développer dans nos trois provinces, seraient de mettre un terme à la traite par contrebande, les captifs dont elle s'alimente, au lieu d'affluer sur les côtes, s'écoulant par nos débouchés.

L'Algérie à tenu parole : ces malheureux noirs qu'elle a pris tout à l'heure à l'orée du désert, payens, captifs, pauvres et nus, elle vient de les rendre à leur pays natal, chrétiens, libres, riches et civilisés.

Elle y a gagné, pour elle, la première année, plus de 8 millions de journées de travail, la seconde année plus de 16 millions, la troisième plus de 24, au prix de 50 c. pour les hommes, 40 c. pour les femmes, 33 centimes pour les non-adultes, soit, en moyenne 41 c. et 60 c. de nourriture, — 1 fr. environ, qu'elle paye aujourd'hui, quand elle en peut avoir, de 3 à 5 francs.

Son industrie s'est développée, et ses chefs d'ateliers, pourvus d'une main-d'œuvre sûre et constante, se sont débarassés comme elle de ces prétendus ouvriers, plus souvent au cabaret qu'à l'ouvrage, bras fainéants, bouches parasites qui vivent d'étapes en étapes, à la recherche d'un travail qu'ils ne veulent pas trouver, des aumônes de l'administration.

Ceux-là disparaîtront, et les autres, les bons,

trouveront place sur la terre désormais offerte à tous les travailleurs de bonne volonté.

Il ne doit point y avoir d'ouvriers nomades en Algérie ; il lui faut des colons attachés au sol, et son sol est assez vaste pour qu'une part y soit faite à tous.

Elle y a gagné des canaux, des barrages, des ponts, des routes, le desséchement de ses marais, le défrichement de ses terres, une production au niveau des besoins de la France ; des hameaux et des villages dans toutes ses plaines et sur toutes les lignes que suivront un jour ses voies ferrées.

Ces hameaux et ces villages seraient tout prêts à recevoir des hôtes, jusqu'ici vainement attendus, effrayés qu'ils sont de risquer leurs femmes et leurs enfants et de se risquer eux-mêmes, hors de vue du coq de leur clocher, pour se lancer dans cet inconnu qu'on leur a dit peuplé de lions et de panthères ; où il leur faudra bivaquer en attendant un abri et vivre de mince épargne du premier coup de pioche au dernier coup de faucille (1).

Mais qu'un ou plusieurs villages étant bâtis dans des conditions convenables, maisons suffisantes, église, école, presbytère, lavoir couvert, abreuvoir, aménagement des eaux, il soit mis en adjudication, avec plans à l'appui du cahier des charges, dans un

---

(1) « Je vous écris cette lettre, c'est pour m'informer de ce « qu'est devenu M*** et toute sa famille qui sont venus s'éta- « blir à Boufarick, parce qu'il me donne une grande inquié- « tude. Je vous dirai que j'ai entendu dire qu'il avait été « mangé par les bêtes féroces. » — Lettre d'un paysan de la Charente.

département de France ; — et qu'il soit énoncé dans l'avis de vente, que les acquéreurs, partis avec leur acte d'acquisition en poche, seront attendus au port de débarquement en Algérie, par un agent de l'administration qui, pour toute salutation de bien-venue, leur remettra la clef de leur nouveau domicile ; quel est donc le chef de famille qui ne ferait écus de ses quelques arpents pour se donner pignon sur rue, et quinze ou vingt hectares de terre, — un domaine !

Il n'est point d'amour de clocher plus fort que l'amour de la propriété ; et d'ailleurs, eux tous, les acquéreurs de ces cinquante maisonnettes, dont le groupe prendrait un nom de leur pays, ne s'encourageraient-ils pas à l'audace de l'émigration, enhardis par une solidarité mutuelle, des habitudes communes, des amitiés traditionnelles et de plus jeunes amitiés, sans compter la juste ambition du mieux-être.

C'est par centaines de villages que nous peuplerions l'Algérie en quelques années si les idées que nous venons d'émettre étaient acceptées ; et ce serait par milliers, si elles étaient fécondées à la fois par la mise en application du vaste projet de M. le Gouverneur-Général, qui, par le cantonnement des indigènes, sans leur porter préjudice aucun, livrerait à la colonisation des millions d'hectares ; — et par celui de M. le général baron de Chabaud-Latour, qui, pour en terminer avec tous ces grands travaux d'utilité publique, leur affecterait 300 millions.

Depuis un mois que ces quelques pages ont été

publiées dans l'*Akhbar*, elles ont été reproduites en partie et commentées avec beaucoup de bienveillance par plusieurs journaux de la métropole, notamment par le *Courrier du Havre* et l'*Univers religieux* — comme organes, l'un des intérêts coloniaux, l'autre des intérêts chrétiens.

Elles ont également valu à leur auteur, sous forme de lettres personnelles, de très sympathiques assentiments ; quelques objections pourtant lui ont été faites, les plus sérieuses sont celles-ci :

1° La question qu'il a traitée, par cela même qu'elle a soulevé de si vives oppositions dans le parlement anglais, à propos de l'immigration nègre aux Antilles, ne prend-elle pas valeur de question politique internationale et n'a-t-elle pas été ravivée imprudemment.

2° Les Touaregs, les Chambas, les Beni-Mezab, que nous devrions nécessairement employer comme intermédiaires pour établir nos relations avec le Soudan, consentiraient-ils, eux musulmans, à nous livrer des noirs, à nous autres chrétiens ; et dans le cas même où nous arriverions à vaincre leurs scrupules religieux à cet endroit, se rendraient-ils bien compte de la position que nous ferions à nos nouveaux hôtes et ne la confondraient-ils pas avec celle qu'ils leurs faisaient eux-mêmes ; ne les croiraient-ils pas esclaves chez nous et, comme conséquence, ne réclameraient-ils pas le droit de s'en donner au même titre ?

Les faits sont là qui répondent pour nous :

1° La question de politique internationale qu'a pu

soulever l'immigration nègre aux Antilles et qui nous semble tout à fait indépendante de ces discours de tribune qu'autorisent les libertés d'un gouvernement constitutionnel, est résolue par l'arrivée à la Martinique et à la Guadeloupe des deux premiers convois d'immigrants importés par les navires *la Stella* et *la Clara*.

Pouvait-elle tenir contre ces dernières nouvelles de l'Afrique reproduites par le journal le *Pays* :

« Le roi de l'Etat d'Yarriba, vaste contrée de la Nigritie centrale, auquel le Dahomey et plusieurs au-autres royaumes paient un tribut, a entrepris, en 1851, une grande guerre, à la suite de laquelle il a massa-cré 5,000 prisonniers dont il n'a pas voulu avoir la charge ; le même prince, pendant une autre guerre qu'il a eue avec un Etat voisin, en 1857, a fait 4,000 prisonniers, et sachant, d'après les bruits répandus aujourd'hui dans toute l'Afrique, qu'il peut en tirer parti pour l'immigration, il les a épargnés et les con-serve à Kstonga, sa capitale.

« La connaissance de ce fait a été apportée par les derniers courriers de la côte d'Afrique. Il prouve que l'immigration est non-seulement une chose utile, mais encore une mesure favorable à l'humanité. »

Et qui donc n'a pas lu, dans l'un des numéros de l'*Indépendance belge* du mois de janvier, que le gouvernement de S. M. l'empereur a fait appuyer de trois navires de guerre les opérations de la maison Régis sur la côte Ouest du continent africain.

2° Il est de notoriété publique, aujourd'hui, en Al-gérie, que les Touaregs, ainsi que nous l'avons d'ail-

leurs avancé, se sont mis d'eux-mêmes à la disposition des caravanes que nous voudrions diriger sur
le Soudan ; mais à la condition que nous leur ren-
drions leur aliment premier indispensable, le commerce des esclaves.

L'intérêt des Touaregs et des Sahariens, qui sont
avant tout *de leur ventre*, domine leur conscience.
Peu leur importe en quelles mains passera leur mar-
chandise, pourvu qu'ils en fassent gros bénéfice. Il
ne leur est point venu d'ailleurs à la pensée d'émettre aucune réserve à cet endroit. Il est dans leur esprit et dans leurs mœurs de trouver tout naturel
qu'un homme *de race*, musulman ou chrétien, achète
un nègre. Les dispositions solennelles et publiques
qui seraient prises pour déclarer libres ceux que nous
rachèterions ne laisseraient aucun doute à cet égard
dans le Sahara — et l'on sait que les nouvelles y
vont vite.

Avons-nous donc d'ailleurs à faire si grand compte
d'un malentendu qui ne saurait tenir contre un fait
accompli ni l'infirmer ; et, par tous les droits que nous
donne la conquête, sinon par tous les devoirs que
nous impose la morale et la religion, n'avons-nous
pas qualité pour prendre en mains le monopole de ce
triste commerce des noirs et d'élever la traite —
puisqu'on nous oppose le mot — à la hauteur d'une
institution de bienfaisance.

Blidah, le 20 février 1858.

www.ingramcontent.com/pod-product-compliance
Lightning Source LLC
Chambersburg PA
CBHW061620060726

47597CB00005B/1734